AF262466

DISCOURS

PRONONCÉS

A L'UNIVERSITÉ DE JURISPRUDENCE,

PAR M. P. L. C. GIN,

*Ancien Magistrat, Président de l'Association
de Bienfaisance Judiciaire.*

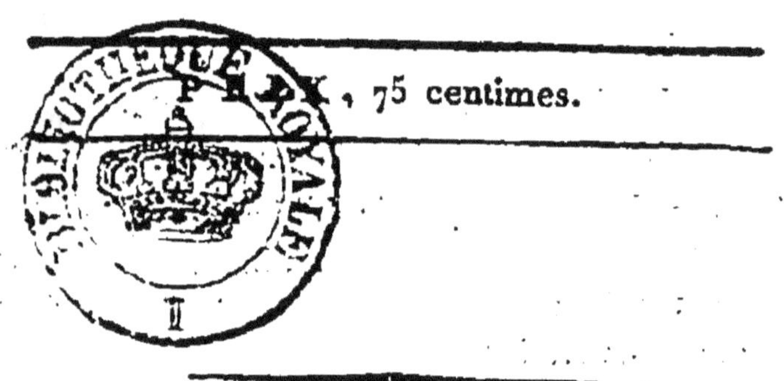

PRIX, 75 centimes.

A PARIS,

Chez
{
GARNERY, Libraire, rue de Seine, F. S. G.
ARTUR-BERTRAND, quai des Augustins, N°. 35.
ROYEZ, Libraire, rue de Thionville, N°. 20.
la Veuve DUFRESNE, au Palais de Justice.

1805.

On trouve chez les mêmes Libraires:

L'Analyse raisonnée du Droit Français, 6 vol. in-8°.

Les vrais Principes du Gouvernement, 2 vol. in-12.

L'Éloquence du Barreau, 1 vol. in-12.

Traduction des Idiles de Théocrite, des Églogues de Virgile, 2 vol. in-12.

Des Harangues politiques d'Eschine et de Démosthènes dites pro coronâ, 2 vol. grand in-12, édition de Didot l'ainé.

Un *Discours sur l'Histoire Universelle*, faisant suite à celui de Bossuet.

Les *Odes de Pindare*, unique traduction complète, et autres Ouvrages du même Auteur.

En attendant une nouvelle édition des *Œuvres complètes d'Homère*, suivies des imitations des principaux poëtes Latins, Français, Italiens, Anglais, et une nouvelle traduction du *Paradis perdu*, et du *Paradis reconquis*, de Milton ; des *Œuvres complètes de Virgile* ; des *Odes d'Anacréon*, *Bion*, *Moschus*, *Papho*, et autres Lyriques Grecs.

I.er DISCOURS

PRONONCÉ A LA SÉANCE SOLENNELLE

DE

L'UNIVERSITÉ DE JURISPRUDENCE,

Le mardi 3 Fructidor, (21 Août 1804.)

MESSIEURS,

CHARGÉ, comme organe des sentimens de l'association de bienfaisance judiciaire, de soutenir votre zèle, dans la pénible et glorieuse carrière que vous parcourez, quel sujet plus digne pourrai-je offrir à vos méditations, que l'alliance des lettres et toutes les parties de la Législation ?

A ce mot, les lettres, me seroit-il permis d'oublier leurs bienfaits, proclamés par l'homme le plus capable de les apprécier, philosophe profond dans le cabinet, ardent défenseur de la chose publique, dans le Sénat Romain ; l'émule de Démosthène dans la tribune aux harangues.

C'est à l'amour des lettres que Cicéron rapporte toutes les consolations qu'il a éprouvées, pendant le cours d'une vie épuisée par tant de travaux, agitée par tant de tempêtes.

(1) » Elles sont l'aliment de l'adolescence, le charme

---

(1) *Studia adolescentiam alunt, senectutem oblectant, secundas res ornant : adversis perfugium ac solatium præbent; delectant domi ; non impediunt foris ; pernoctant nobiscum , peregrinantur, rusticantur.* Cicero pro Archiâ poëtâ.

I

» de la vieillesse, notre gloire dans la postérité, notre
» ressource et notre soutien dans l'adversité. Elles
» portent la joie dans nos maisons; nous accom-
» pagnent au dehors, passent la nuit avec nous,
» voyagent avec nous, partagent avec nous les dé-
» lices de la vie rustique. »

Mais ce n'est pas sous ce point de vue que je dois
les envisager.

Une idée plus vaste s'offre à ma pensée, l'alliance
chez tous les peuples anciens et modernes, de la
saine littérature et de la saine morale, dont les lois
tirent leur source.

Les lettres sont innées chez ce peuple, dont les lois
sont basées sur le gouvernement paternel, vainqueur
de seize dynasties, pendant une durée de près de
six mille ans.

Qui les a tirées de l'éternelle enfance dans laquelle
elles végétaient, chez les Chinois, depuis tant de siècles?

Ces missionnaires, qui, au péril de leurs vies,
portèrent dans ces contrées lointaines, le goût et
les découvertes de notre Europe.

L'Esprit-Saint qui consigna, dans nos sacrées annales
tout ce qu'il importoit à l'homme de connoître de son
origine et des révolutions des empires, ne dédaigna
pas de parer les leçons du législateur des juifs, de tout
le charme de la poésie; car, chez tous les anciens
peuples, la poésie et l'éloquence furent confondues;
la franchise de leurs idiômes repoussoit les entraves
que la gloire de difficultés vaincues a introduites
dans nos langues modernes. La vérification d'alors
n'étoit qu'une prose mesurée et cadencée à la manière de notre musique.

Quelle sublimité dans ce cantique où Moyse nous représente l'Éternel (1) » comme un intrépide guer- » rier qui renverse d'un seul souffle de sa bouche, » et le coursier et celui qui le monte. Le Tout-Puis- » sant est son nom. »

Vers la même époque, règnent, dans la fabuleuse Égypte, ces Thotes, ces Mercures, ces Protées, poëtes, pontifes et législateurs, qui gravent sur le marbre de leurs colossaux monumens, ces préceptes de la saine morale, que les Grecs, leurs disciples, revêtissent de toute la majesté de leurs sublimes allégories.

(2) « Qu'aux accens dont Orphée emplit les monts de Thrace,
 « Les tigres amollis dépouilloient leur audace ;
 « Qu'aux accords d'Amphion, les pierres se mouvoient,
 « Et sur les murs Thébains en ordre s'élevoient.

Qui pourroit refuser le titre de législateur à cet Homère, qui, dans l'un de ses poëmes, sous l'emblème de ces génies secondaires qui environnent le trône de ce Dieu suprême, dont la puissance est sans bornes, nous peint les intrigues qui dominent trop souvent dans les cours des rois ; dans l'autre nous montre les crimes des hommes, comme la cause de tous les maux qu'ils éprouvent ; à cet Homère, dont les doctes écrits » nous enseignent plus pleinement et » mieux, suivant le langage d'Horace, ce qui est beau, » ce qui est honteux, ce qui est utile, ce qui ne l'est » pas, que les vains discours de tous les sophistes

____

(1) *Cantemus Domino ; gloriosè enim magnificatus est ; æquum et assensorem dejecit in mare.... Dominus quasi vir pugnator ; omnipotens nomen ejus.* Exode ch. XV. v. 1. et 3.

(2) Boileau, Art poétique.

» anciens et modernes ; (1) » à cet Homère enfin qui,
remontant à l'origine des sociétés, nous montre l'impossibilité qu'une machine immense, toute composée
d'être libres, égarés par toutes les passions humaines,
délibère sur ses véritables besoins, si les chocs des intérêts privés ne sont contenus par un centre d'autorité
assez puissant pour la diriger vers le bien public ;
la seule constitution qui convient à un grand peuple.

(2) » Le gouvernement de plusieurs n'est pas bon ;
» qu'un seul gouverne, à qui le fils du prévoyant
» Saturne a donné le sceptre, et tout ce qui tient à
» l'exercice de la justice..... ».

Et remarquez la raison qu'il en donne en un autre
lieu : » afin que tu prennes conseil pour eux. «

A peine cette Rome heureuse pendant 246 ans sous
ses rois, *pasteurs des peuples*, suivant le langage
d'Homère, s'est-elle formée en république, qu'elle
députe vers Athènes, le centre des lettres et des arts,
pour en obtenir ces lois des XII tables, qui, malgré
leur excessive précision, se sont concilié depuis tant
de siècles, le respect de toutes les nations policées.

Epuisée par ses victoires, par ses dissentions intes-
tines, Rome ne respire que sous l'empire d'Auguste,
qui, après des guerres sanglantes, ferme les portes
du temple de Janus, symbole de la paix qu'il donne

---

(1) *Quid quid sit pulchrum, quid turpe, quid utile, quid non,*
Plenius ac melius Chrisippo et Crantore dixit.
Horace, Sat. liv. 1. S. Q.

(2) Iliade, chant. 2.

aux trois parties du monde connu. Ce règne est celui des lois, des lettres et des arts.

La 2e. Rome déchire l'ancienne ; les barbares ébranlent le colosse de l'Empire Romain.

Justinien rassemble, dans ce que nous nommons le corps de droit, toute la sagesse des anciens législateurs, des anciens jurisconsultes Romains ; recueil plus parfait, si la vaine recherche d'ornemens superflus, n'eût, depuis le siècle d'Auguste, dégradé la littérature.

Parmi nous, la poésie et l'éloquence, refugiées dans quelques ouvrages du 5e. et du 6e. siècle de notre ère, luttent en vain contre la barbarie des conquérans d'une partie de l'Empire Romain. Notre législation n'offre plus qu'un monstrueux assemblage des lois des Francs, des Saliens, des Ripuaires, des Gots, des Visigots, confondues avec les lois Romaines considérées, non comme le droit de la France, mais comme le privilège d'une portion de ses habitans.

Charlemagne réunit ces fragmens dispersés.

Le fondateur de l'université de Paris, l'est de ces capitulaires qui conservent leur autorité, jusque dans le démembrement de la monarchie.

L'anarchie féodale remet les rênes du gouvernement entre les mains des seigneurs de fiefs, qui tenant à honneur de ne savoir pas lire, ne connoissent d'autre législation que leur despotisme, d'autres règles des jugemens que les épreuves et les combats.

Quelques preux chevaliers se déclarant les réparateurs des torts, parcourent ces décombres, prenant en main la défense de l'opprimé. Ces hommes bienfaisans sont les Troubadours qu'inspirent l'amour, la franche gaieté des rapsodies de l'antiquité, non sans quelques étincelles du génie créateur.

Un jour plus serein commence à luire.

Le clergé et les moines, chez lesquels s'est conservée la précieuse semence d'une littérature défigurée par les pédantesques subtilités de la scolastique, deviennent les conseils de nos rois, qui luttent, pendant des siècles, pour le recouvrement progressif de leur autorité.

La découverte des Pandectes de Justinien, ranime l'étude du droit.

L'ordre judiciaire renaît sous St.-Louis : il prend, sous ses successeurs, des formes plus prononcées.

Ces usages devenus la loi municipale de chaque province, de chaque canton, je dirois presque de chaque motte de terre, ne sont plus confiés à la mémoire de témoins ou prévenus ou suspects. Rédigés lentement par écrit, par ordre de nos rois, d'après le vœu des trois ordres assemblés dans chaque bailliage, dans chaque sénéchaussée, en présence de magistrats éclairés par l'étude assidue des lois Romaines, ils prennent, malgré leur bigarrure inévitable, quelque teinture de la sagesse des législateurs romains.

Les Grecs, que la prise de Constantinople par les Turcs, a fait refluer dans notre Europe, y répandent leurs inappréciables trésors.

Le siècle de Léon X et de rançois Ier. malgré les dissentions civiles et religieuses qui le souillent, est celui de la renaissance des lettres et de la saine jurisprudence.

Ainsi se prépare le grand siècle de Louis XIV.

Toutes les parties de la littérature sont ranimées, encouragées, perfectionnées.

L'éloquence du barreau, reste seule momentanément en arrière.

Nos richesses sont grandes ; d'Aguesseau, Cochin ; une double génération d'orateurs dignes de la célébrité qu'ils se sont acquise, nous apprennent à les distribuer avec goût, au lieu de les prodiguer sans choix et sans mesure.

Mais déjà l'enthousiasme des nouveaux systèmes ; un vain clinquant, substitué à l'or pur, l'admiration pour les fruits exotiques, mal digérés, que nous vante une nation, l'éternelle rivale de la France, tarit la source des vrais biens.

Une fausse métaphysique sape les fondemens de l'édifice que nos pères ont élévé avec tant de patience et de travaux.

Il écroule ; détournons les yeux de tels désastres.

Un héros paroît, son front est ceint des lauriers de la victoire. Il porte dans sa main l'olivier de la paix ; ou si la nécessité l'entraîne dans une nouvelle guerre, les travaux de la paix ne sont pas interrompus.

Un code puisé dans les dispositions des lois romaines, adaptées à nos mœurs, effaçant la bigarrure de nos coutumes, nous offre ce monument désiré depuis si long-temps par les vrais amis de la patrie, dont les L'hôpital, les Colbert, les Lamoignon, les Pussort, les Séguier, les d'Aguesseau, assemblèrent les matériaux épars, fragmens augustes, témoins irréprochables de la sublime pensée des architectes, et de leur impuissance pour compléter ce qu'ils ayoient entrepris.

La religion toujours d'accord avec la saine politique, rouvre ses temples ; les faux systèmes sont tourmentés par leur propre absurdité ; de judicieux critiques purgent les sources de la science du venin infect qui y avoit été répandu.

Ainsi, dans tous les siècles, les arts, les lettres, les lois, la jurisprudence, se prêtent un mutuel appui.

Pourquoi en est-il ainsi, jeunes élèves de la magistratrure et du barreau ?

Parce que (1) « les lois sont impuissantes sans les mœurs ; » que l'autorité du législateur qui subjugue, révolte notre orgueil, s'il ne parvient à nous convaincre ; que la persuasion est fille du plaisir et de la sensibilité.

Telle, dépouillant les emblêmes de la mythologie, la lyre d'Orphée s'insinue dans les cœurs, adoucit les mœurs féroces des anciens peuples, (2) » apprend » aux hommes dispersés, vivant de sang et de ra-» pines, que leur véritable intérêt consiste à se » réunir, à bâtir des villes, à se donner des lois qui » assurent à l'homme juste la récompense de ses

---

(1) *Quid leges sine moribus*
  Vanæ proficiunt ? Horace.
(2).....*Utilitas, justi prope mater et œqui,*
....
....
.............................*absistere bello*
Oppida cœperunt munire et ponere leges
Ne quis fur esset, neu latro, neu quis adulter.
   Horace, Sat. liv. 1. p. 3.

» utiles travaux, répriment la violence et la fraude,
» effraient le voleur, l'assassin, l'adultère. »

Combien les leçons de la littérature sont-elles nécessaires pour démasquer le coupable, protéger l'innocence, assurer à chacun ce qui lui est dû !

Qui prendrez-vous pour modèles, dans ce glorieux emploi de vos talens, jeunes élèves de la magistrature et du barreau ?

(1) » Cicéron et Démosthène « (répond l'un des plus illustres rétheurs de l'antiquité, quoique dans un siècle déjà éloigné de la noble simplicité du siècle d'Auguste.)

(1) » Cicéron et Démosthène, et quiconque ressemble le plus à Cicéron et à Démosthène. »

Parmi les nôtres, Bossuet, Fénélon, Buffon, l'immortel d'Aguesseau, Cochin, ce Pascal, qui, si voisin de l'incorrection des siècles qui l'avoient précédé, porta, par le seul effort de son génie, notre idiôme à toute la perfection dont il est susceptible.

Les poètes comme les orateurs ; cet Homère qui est de tous les temps, de tous les lieux, Virgile, le délicieux Horace, le législateur du goût, Boileau, le sublime Corneille, le tendre Racine, et le petit nombre d'écrivains du 18e. siècle, qui approchent le plus de ces maîtres célèbres.

C'est en tempérant la sécheresse de l'étude du droit, par les grâces de la saine littérature, que votre éloquence acquerrera cette mâle vigueur que la

---

(1) *Legendos Ciceronem et Demosthenem ; tum ita ut quisque esset Ciceroni et Demosthenem simillimus.*

Quintilien. inst orat lir. X. chap. 13.

nature développe dans ceux qui alimentent le feu sacré qu'elle a soufflé dans leurs ames ; ainsi , d'une terre féconde par nature , s'élèvent quelques jets vigoureux ; mais elle ne se couvre d'abondantes récoltes , qu'autant que la main du cultivateur l'a élaborée.

(1) Aimez donc les écrits de ces maîtres fameux , » feuilletez-les jour et nuit , nourrissez-en votre » ame. Un goût superficiel ne suffit pas ; » comme s'ils ignoroient , (dit un magistrat du 16e. siècle (2) « quelle différence il y a entre ce qui nous est = propre, et ce que nous empruntons , et comme » nous usons diversement de l'un et de l'autre. »

Ils vous apprendront quel est cet ordre intérieur, qui de la foule de pensées qui se présentent à notre esprit , choisit celle qui doit être énoncée la première, et les dispose toutes de manière à se corroborer l'une l'autre , pour ne former qu'un seul faisceau de lumière.

(3) » Telle est , dit Horace , la force et la grace » de l'ordre , de dire maintenant , ce qui doit être

---

(1) . . . . *Vos exemplaria Græcâ.*
Nocturnâ versate , manu versate diurnâ.

Horace.

(2) Le garde des Sceaux de Vair ; Traité de *l'éloquence du Barreau.*

(3) *Ordinis hæc et virtus est et venus , aut ego fallor,*
Ut iam nunc dicat, jam nunc debentia dici ;
Pleraque differat, et presens in tempus omittat.

Horace. art. poet.

» dit maintenant , de repousser plusieurs idées et
» les remettre à un autre temps ».

Que parlai-je de pensées, d'images, de mouvemens ; il n'est pas jusqu'aux mots auxquels ne s'étende
cet ordre intérieur, chef-d'œuvre de l'art.

« D'un mot mis en sa place enseigna le pouvoir. «
Boileau. art. poét.

Il n'est pas jusqu'aux élans du génie qu'il ne soit
nécessaire de diriger.

» (1) Jusques à quand, Catilina, lasseras-tu notre
» patience ? » (s'écrie Cicéron, à la vue de ce chef
de conjurés, qui souille, par sa présence, le palais
du sénat.)

Ici le consul a besoin, dès le commencement de
son discours, d'intimider le coupable.

Dans les autres sujets l'orateur se concilie, par sa
modération, l'attention de ses auditeurs :

» (2) Athéniens, je commence par supplier les
» dieux et les déesses, de vous inspirer autant de
» bienveillance pour moi, dans ce combat, que j'ai
» montré de zèle, dans tous les temps, pour cette
» république et pour chacun de vous. »

Dans le récit du fait (3), il court à l'événement.

» (4) S'il discute les lois, ses raisonnemens sont
» clairs, serrés, pressans. »

---

(1) *Quousque tandem abutere, Catilina, patientiâ nostrâ.*
Première Catilinaire.
(2) Harangue de Démosthène, par Ctésiphon.
(3) Horace, art. poét.
(4) *Dùm de legibus disputat, pressius.*
*Mox judices ut vidit ardentes, in reliquis exultavit au-
dacius.* Cicéron. *Brutus seu de claris. orat.*

» Peut-il se flatter d'avoir porté la conviction dans
» l'esprit de ses juges, il triomphe avec plus d'au-
» dace; » dit Cicéron, de cette harangue de Démosthène, le chef - d'œuvre de l'éloquence de la
Grèce et de Rome.

Mais quelle témérité a un vieillard, qui, semblable au vieil Entellus de Virgile, a déposé le
ceste et les gantelets, de donner des leçons à de
jeunes lutteurs, formés par des maîtres en possession de l'estime publique?

Ne devais-je pas me borner au ministère de bienfaisance auquel concourent des jurisconsules distin-
gués par leur expérience, leurs lumières, leurs ta-
lents; commun, quoique sous des formes différentes,
aux deux académies émules et non rivales, auxquelles
a donné naissance, en cette capitale, le génie à qui
sont confiés les destins de la France.

Dignes l'une et l'autre de toute la protection du
Gouvernement, par la confiance qui est due à leurs
administrateurs, par la réputation des membres qui
les composent, par le respect qu'inspire l'éminente
dignité de ceux qui les président; l'un chargé de l'im-
portant ministère de l'instruction publique, dont l'é-
tude des lois et la propagation des sciences, des lettres
et des arts sont inséparables, l'éloquent successeur de
l'éloquent ministre des cultes; l'autre porté, par la
supériorité de ses talens, à la place éminente de premier Président de la première cour de l'Empire.

Instruits de votre zèle, de votre assiduité, de vos
triomphes, jeunes élèves de la magistrature et du
barreau, avec quelle satisfaction ils porteront aux
pieds du trône le témoignage de vos utiles travaux !

2.e DISCOURS

PRONONCÉ A L'OUVERTURE DES SÉANCES

D E

L'UNIVERSITÉ DE JURISPRUDENCE,

Le Dimanche, 4 frimaire, an 13 (25 novembre 1804),

Par M. P. L. C. GIN,

Ancien Magistrat , Président de l'Association de Bienfaisance Judiciaire.

MESSIEURS,

DANS le discours que j'ai prononcé l'année dernière , à la clôture de vos séances , j'ai porté un coup-d'œil rapide sur l'alliance , chez tous les peuples, anciens et modernes , de la littérature et de la législation.

Aujourd'hui un plan plus vaste s'offre à ma pensée ; cette harmonie , cette unité d'objet et de moyens , qui seule , dans toute la nature , atteint à la perfection , semblable au verre lenticulaire qui rassemblant et combinant dans un foyer unique , les rayons de lumière , malgré leur divergence et leur hétérogénéité , éclaire , embrase , consume tout ce qui l'approche.

Si j'entreprenois de développer un tel sujet , dans toute son étendue , il me faudroit mettre à con-

contribution toutes les connoissances humaines.

Vous verriez l'unité constituer essentiellement ce beau idéal, sur lequel on a tant disputé ; vous verriez la nature entière, par-tout variée, par-tout tendant à son but unique ; cette même force qui retient les planètes sur la tangente de leurs orbites, et les fait graviter vers le centre de leur mouvement, s'étendant jusqu'au moindre atôme ; vous appercevriez, jusques dans les moindres détails, ce qui charme nos yeux et notre intelligence, n'opérer cet effet que par l'unité dans le cadre étroit qui les renferme ; vous verriez par-tout l'incohérence destructive du beau essentiel.

Un tel développement, une telle étendue de connoissances surpasse mes forces.

Je me bornerai, jeunes élèves du Barreau et de la Magistrature, à ce qui est l'objet journalier de vos méditations, l'unité dans le poëme et dans le discours oratoire, qui n'est autre qu'une poésie dégagée des entraves de la versification ; l'unité dans la législation ; l'unité dans le gouvernement des états qui constitue la saine politique.

» Souvent aux grandes entreprises (dit Horace)
» pour gage de ses magnifiques promesses, une
» éloquence sans solidité coud deux ou trois mor-
» ceaux brillants....., Que m'importe que tu saches
» dessiner un cyprès, si celui dont tu t'es chargé de
» peindre les malheurs, a vu ses navires brisés par
» la tempête, s'il se débat sans espoir dans les flots
» écumeux, et a peine à atteindre le rivage !......

» Que tes productions soient simples, et tendent à un
» but unique. »

Sit quodvis simplex duntaxat et unum.

Horace. art. poét.

Portez vos regards sur les chefs-d'œuvres de Raphael, du Titien, du Corrège, de tous les maitres de l'art, la régularité du dessein, la vérité de l'expression, l'ensemble, et comme la fusion de toutes les parties en un seul tout, en font le mérite.

Telles sont ces trois unités du drame, si critiquées, dans ces derniers temps, comme un joug pesant imposé au génie, et toutefois reconnues dans tous les siècles, d'une nécessité tellement absolue, qu'en s'en écartant toute illusion est dissipée.

Le père du poëme épique, qui l'est aussi de la poésie dramatique; car tout est en action, tout à vie sous ses sublimes pinceaux, ne perd pas un instant de vue son sujet. S'il décrit la noble prestance d'un héros : il étoit, dit-il, » le plus beau des » Grecs, *après l'irréprochable fils de Pelée.* « S'il loue l'intrépide valeur d'un guerrier : il étoit le plus « courageux des Grecs, *après l'invincible fils de* » *Pelée.* « Achille est absent, les Troyens sont vainqueurs; Achille paroît, les Troyens, Hector lui-même, sont vaincus.

Dans l'Odyssée, il s'empare du patient Ulysse, à la dixième année de sa pénible navigation. Les évènemens antérieurs ne sont, pour ainsi dire, que grouppés, jusqu'a ce que le fils de Laërte, parvenu dans son palais, donne la mort aux fiers prétendans à l'hymen de son épouse.

Plein de son sujet, il entraine le lecteur au centre du mouvement, et court à l'évènement:

Et in medias res
Haud secus ac notas auditorem rapit.
Horace.

Autant en fait Virgile de son Énée, la tige auguste de ses Césars.

L'ode même, et son *beau désordre*, loin de faire exception à cette règle, la confirme. Si le poëte s'égare momentanément, la liaison des épisodes qu'il se permet, sont dans la chose, non dans les mots. Telle est la source de la sublimité du prince des lyriques grecs, Pindare.

Mais je m'égare moi-même.

L'auteur de la préface des œuvres de M. Cochin, observe que le caractère distinctif de ce célèbre orateur, étoit de réduire la cause la plus compliquée, à une proposition unique, animée de tous les mouvemens dont le sujet est susceptible; en sorte que si les deux orateurs contradictoires étoient de même force, de l'ensemble des deux plaidoiries, résulteroit la dissertation la plus complète sur la question proposée.

Et c'est alors, Magistrats qui m'écoutez, que votre jugement est plus sûr, que votre perspicacité discerne plus sûrement la vérité, de vains sophismes, dans lesquels un art mensonger essaie trop souvent de s'envelopper.

Pourquoi en est-il ainsi? — Par la plus belle prérogative de l'homme, d'être créé à l'image de Dieu.

L'Etre infini, centre commun de tout ce qui existe, voit d'un seul coup-d'œil tous les êtres ; tout ce qui fut, ce qui est, tout ce qui sera ; la perception et la puissance constituent son essence.

Les foibles mortels ont besoin de l'échelle du raisonnement, du lévier des passions, pour parvenir à la découverte du vrai. Leurs pensées les égarent si elles se dispersent ; elles les éclairent, si elles se réunissent. L'intelligence supplée au rapport des sens, pour compléter ce qu'ils n'ont qu'ébauché ; ainsi la sculpture ne nous offre que des masses, l'imagination les colore ; la peinture ne nous montre que des surfaces planes, l'imagination les relève ; la musique ne nous fait entendre que des sons ; si l'image est exacte, l'imagination les vivifie.

Tel est l'effet de la correspondance réciproque de toutes les parties de la nature.

Passons aux lois.

———————————

Quoi donc, nous dira-t-on, cette volumineuse compilation des décisions des jurisconsultes et des législateurs de l'ancienne Rome, dont Justinien composa ce que nous nommons *le corps du Droit*, cette bigarrure de nos lois municipales, que la sagesse du gouvernement actuel a effacée, ces deux mille et tant d'articles du nouveau Code des Français, ont-ils un centre commun auquel se rapportent toutes leurs dispositions ? — Sans doute, et ce centre est la base fondamentale de la loi naturelle, que le pieux Antonin faisoit graver sur tous les édifices publics :
» Ne fais point à autrui ce que tu ne voudrois pas
» qui te fût fait : » ce précepte plus sublime encore :
» Fais à autrui tout le bien qui est en ton pouvoir, »

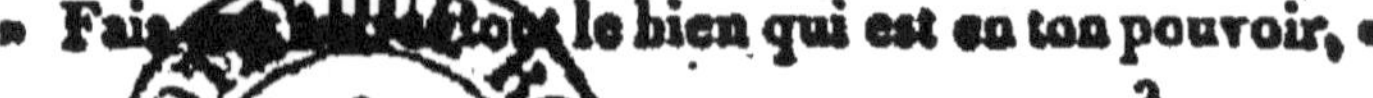

2

conséquence nécessaire de cet amour de nous-mêmes, qui nous convainquant de notre impuissance individuelle, nous aggrège les forces de la société entière; maxime sainte auxquelles se rapportent toutes les lois positives, considérées dans leur pureté originelle.

De-là, dans l'ordre de la nature, les lois concernant le respect des enfants pour les auteurs de leurs jours, la sainteté des mariages, opposés à l'intempérance d'une passion effrénée, les lois constitutives d'un état des hommes en société, protectrices du pacte social, qui s'étendent de la cabane de l'indigent jusqu'aux palais des rois; jusqu'à cette grande société, dans laquelle les nations ne sont que des individus.

Si des personnes nous passons aux objets de nos besoins, et trop souvent, de cette insatiable avidité qui nous tourmente, de la même source dérivent les loix protectrices de la propriété commune à tous par la nature, divisée, subdivisée, pour l'intérêt de tous, comme le plus puissant aiguillon du travail et de l'industrie; semblable à un fleuve bienfaisant qui, foible dans sa source, accru par les ruisseaux qui y affluent, se subdivise de nouveau, portant de toutes parts l'abondance et la vie; la circulation encouragée par le premier des contrats, les échanges; un signe représentatif des valeurs donnant naissance à l'infinie variété des conventions translatives des jouissances soit perpétuelles, soit temporaires, la vente, le louage, le prêt, le dépôt, le gage, le mandat, d'où résultent les lois concernant l'usage, l'usufruit, les servitudes, la conservation de la nue et de la pleine propriété ; jusqu'aux espérances incertaines soumises au calcul des probabilités. Un seul contrat, le tipe original de tous les autres, franchissant toutes les barrières , pour l'affermissement du lien qui unit irrévocablement deux familles ; et toutefois ce qui est contraire aux mœurs , aux lois fondamentales de l'ordre public , jugé impossible ; la loi suppléant , dans le saint nœud du mariage , le silence des parties sur leurs intérêts respectifs et ceux de leur postérité.

Le même principe réglant la transmission de la propriété , de la génération présente aux générations futures ; soit en vertu de la disposition de la loi , soit en vertu de la disposition de l'homme autorisée par la loi , les gages , les hypothèques , les actions , les exécutions de l'autorité du magistrat dépositaire du pouvoir de la loi ; la prescription elle-même , cette sauve-garde des propriétés , qui tire sa source du plus ancien des titres ; la possession ; tout se rapporte à cette voix impérieuse qui nous crie : « fais aux autres, » pour ton propre intérêt, tout le bien qui est en ton » pouvoir ».

Sois plus généreux encore ; sacrifie ton repos , tes richesses, ce que tu nommes ton bien-être , à l'intérêt général ; et tu obtiendras de l'estime et de l'amour de tes concitoyens , une récompense dans la proportion de l'unité à l'indéfini.

Toutes les lois n'ont pas une source aussi pure. Trop souvent l'orgueil, l'avidité d'un seul ou de plusieurs , le despotisme, infectèrent de leur souffle impur les institutions les plus saintes.

Telle fut chez les Romains et dans quelques-unes

de nos provinces , cette puissance paternelle sans exemple, contre laquelle se brisait , en vertu de la loi, l'autorité de la loi même ; cette faculté indéfinie de tester attribuée au père de famille qui , à l'aide de substitutions, vulgaire , pupillaire , exemplaire, fidéi-commissaire , entoit , sur l'ordre légal de la transmission des biens, des ordres de successions testamentaires qui ne laissoient à la sagesse de la loi que ce que la disposition de l'homme ne lui avoit pas enlevé ; dans la France entière, les vestiges non entièrement déracinés de l'anarchie féodale , ce superstitieux retrait lignager qui, sous prétexte de conserver les biens dans les familles , mettoit à la circulation des immeubles des entraves sans cesse renaissantes , cette division du patrimoine d'un seul individu en autant d'hérédités qu'il laissoit d'immeubles provenus du travail, de l'industrie , de l'économie de ses aïeux. Ici le double lien ; là la représentation à l'infini en collatérale , sources de procès interminables ; pour dire en un mot, cette lutte perpétuelle du droit commun contre la loi municipale, cette rouille de nos anciens préjugés, de nos anciens abus , que toute la puissance de nos monarques n'avoit pu effacer.

Remarquez que tous ces vices dérivoient de cette prétendue force contre-balançante, qui tendoit à désunir ce que l'ordre primitif des sociétés rappeloit à un principe unique.

O l'étonnant paradoxe du citoyen de Genève , qui , à ces maximes, puisées dans la raison , dans la loi de l'évangile, «aimez-vous *les uns les autres*» dans cette fraternité qui rappelle les hommes à la tige commune dont ils sont issus, substitue cette absurde proposition : « fais ton bien *avec le moindre mal d'autrui qu'il* « *est possible.* » Etrange sophisme qui, enhardissant toutes les passions, rend méritoires jusques aux crimes ; si le coupable s'est abstenu d'un crime plus grand, mais inutile à ses intérêts privés, qu'il eût pu commettre !

Quel sera l'effet d'une telle maxime ? — De diviser ce que la nature, la raison, l'intérêt général tendoit à réunir.

C'est ce qu'une triste expérience n'a que trop démontré.

« Divisez et régnez. » Ce conseil convient au despotisme qui, ne connoissant d'autre loi que le caprice du moment, a intérêt d'atténuer les résistances.

Ce n'est pas ainsi que nos livres saints nous peignent la vraie monarchie : *et incedit Israel sicut vir unus.*

« Israël marcha (sous la conduite du vaillant » Macabée) comme un seul homme. »

Sans doute l'essence de la souveraineté appartient, dans chaque nation, à la réunion des individus qui se sont associés pour accroître leurs forces contre ceux qui tenteroient de troubler la tranquillité publique.

Mais cette souveraineté virtuelle, s'il m'est permis de parler ainsi, le peuple est dans l'impossibilité physique de l'exercer.

Pourquoi en est-il ainsi ? — Parce que le mot *nation* présente l'idée d'un être collectif qui tend sans cesse à dissoudre la machine politique, par la divergence des intérêts privés des membres qui la composent.

« Le peuple veut toujours son bien (selon le ci-
« toyen de Genève) *mais il ne le voit pas toujours.* »
Dites mieux : *il ne le voit jamais.*

Où placerez-vous ce centre ? Dans un autre être
collectif, *l'aristocratie, l'oligarchie ?* — Il aura les
mêmes inconvéniens, et d'autant plus redoutables
que la puissance de ses membres sera plus tempo-
raire ; car ils se hâteront de satisfaire leurs intérêts
privés au préjudice de l'intérêt général.

Quel est donc le meilleur gouvernement ? — Celui
dont la nature nous a tracé le modèle dans l'autorité
du père de famille.

« (1) O reine! (s'écrie dans l'Odyssée le patient
« Ulysse,) daignent les dieux exaucer les vœux les
« plus chers de ton cœur; te donner un époux digne
« de toi, une maison puissante, *et par-dessus tout la*
« *concorde* ; car il n'est aucun bien préférable au
« concours des volontés de l'homme et de la femme,
« dans l'administration des affaires domestiques ;
« c'est la concorde qui désespère les ennemis et réjouit
« les amis. De tels époux entendent chanter leurs
« louanges par tous les mortels. »

Quel sera le chef de la grande famille ?

Un homme tellement élevé sur toutes les têtes que
son intérêt privé se confonde avec l'intérêt public.

L'intérêt sera le même, dans toute son auguste
famille ; celui de se concilier ce respect, cet amour
qu'on n'obtient que par les bienfaits. C'est un ressort
qui peut être momentanément corrompu ; mais qui

____

(1) Odyssée, chant VI.

se restitue dès que la force qui le comprimoit a cessé.

Français, les titres du héros que vous avez revêtu de la pourpre impériale, que le souverain pontife a oint de l'huile sainte, sont les plus anciens de tous ; le droit de conquête, moins par ses victoires que par ses bienfaits. Il a relevé nos autels ; il nous rappelle à la religion de nos pères ; il encourage les sciences, les lettres, les arts ; il a exécuté ce que la nation désiroit depuis des siècles, ce que les plus sages ministres, ce que les plus illustres magistrats avoient tenté partiellement ; ce qu'ils avoient à peine envisagé dans son ensemble ; une législation uniforme dans tout ce vaste empire ; il a consulté la nation ; elle applaudit à ses travaux et à ses succès. « Il n'est puissance qui » n'émane de Dieu ; celles qui existent ont été or-» données par l'Être Suprême. » *Non est potestas nisi à Deo, quæ autem sunt, à Deo ordinatæ sunt.* (1)

C'est le propre du génie de faire éclore, comme spontanément, les institutions utiles.

Des écoles fameuses, des maîtres habiles, des conférences présidées par des jurisconsultes célèbres ne manquoient pas à nos anciennes institutions ; mais cette théorie séparée de l'exercice journalier, ne germoit qu'avec le tems.

Le jeune magistrat n'acquéroit qu'à l'aide de l'expérience et peut-être de chûtes plus ou moins fréquentes, ce tact sûr qui distingue la vérité de l'erreur, malgré les couleurs dont elle essaie de se parer. Ce n'étoit qu'après avoir balbutié pendant de longues années que le jeune orateur donnoit l'essor à son génie.

___

(1) Saint-Paul aux Romains, chap. 13.

Ici trois sortes de leçons applanissent devant vous, jeunes élèves du barreau et de la magistrature, la route que vous vous disposez à parcourir :

Leçons de professeurs nourris dans l'étude de nos anciennes lois, qu'ils comparent à la majestueuse simplicité des nouvelles :

Leçons de l'expérience, dans ces luttes fictives qui s'engagent entre vous, en présence d'un nombreux auditoire, où vous dépouillez, non cette modeste candeur, l'apanage et le charme de votre âge ; mais cette enfantine timidité qui entrave les talens ; où vous vous formez à la fois à là discussion et au jugement des questions les plus épineuses.

Leçons d'une expérience plus réelle par les secours dont vous êtes à l'agence judiciaire de cette université, et plus encore à l'association de bienfaisance à laquelle vous coopérez par les rapports des pièces remises en vos mains, par le pressentiment des questions auxquelles elles donnent lieu, par la rédaction de ses conseils, et des jugemens conciliatoires qui en émanent, effet d'une confiance purement volontaire.

Craindrai-je de répéter *devant celui que son génie et ses vertus ont porté à la présidence de la première Cour de l'empire, devant ses respectables collègues*, ce que disait Fléchier des loisirs de l'éternellement mémorable premier président Guillaume de Lamoignon.

(1) « Plus heureux en lui-même, et peut-être plus « grand aux yeux de Dieu, lorsqu'au fond d'une

---

(1) Oraison funèbre de M. de Lamoignon.

» sombre allée et sur un tribunal de gazon, il avoit
» assuré le repos d'une pauvre famille, que lorsqu'il
» décidoit des fortunes les plus éclatantes, sur le
» premier trône de la justice ».

Je crois, Messieurs, avoir rempli la tâche que je
m'étois imposée, en développant, dans les trois
parties de ce discours, les précieux avantages de
cette unité de vues, d'enseignement et de moyens,
qui se manifeste dans tous les ouvrages de la nature ;
la base fondamentale et essentielle de tous les travaux des hommes et dans tous les établissemens hu-
mains.

www.ingramcontent.com/pod-product-compliance
Lightning Source LLC
Chambersburg PA
CBHW061805060726
47597CB00007B/3114